Teste Dein Geschlecht
Was bist Du?

AF219761

Mutter Hautberg

Teste Dein Geschlecht

Was bist Du?

Bibliografische Information der Deutschen
Nationalbibliothek
Die Deutsche Nationalbibliothek verzeichnet
diese Publikation in der Deutschen
Nationalbibliografie; detaillierte bibliografische
Daten sind im Internet über http://dnb.d-nb.de
abrufbar.

ISBN   9783755780663

Copyright (2021)
Herstellung und Verlag: BoD - Books on
Demand, Norderstedt
Alle Rechte bei der Autorin.

12,99 Euro

Unsere Zeit ist verrückt und schnelllebig. Den einen Tag ist man noch ein Mann und am nächsten Tag fühlt man sich als Frau oder gar als Divers. Dieses Buch vereinfacht die jeweilige Wahl. Der Zufall und das Schicksal bestimmen Deinen Tag und als wer Du ihn begehst. Blättere, halte an und das was Du dann siehst, bist Du an dem jeweiligen Tag.

Viel Spannung wünscht Mutter Hautberg.

Mann

Frau

Divers

Frau

Divers

Mann

Mann

Frau

Divers

Mann

Frau

Divers

Frau

Divers

Mann

Mann

Frau

Divers

Mann

Frau

Divers

Frau

Divers

Mann

Mann

Frau

Divers

Mann

Frau

Divers

Frau

Divers

Mann

Mann

Frau

Divers

Mann

Frau

Divers

Frau

Divers

Mann

Mann

Frau

Divers

Mann

Frau

Divers

Frau

Divers

Mann

Mann

Frau

Divers

Mann

Frau

Divers

Frau

Divers

Mann

Mann

Frau

Divers

Mann

Frau

Divers

Frau

Divers

Mann

Mann

Frau

Divers

Mann

Frau

Divers

Frau

Divers

Mann

Mann

Frau

Divers

Mann

Frau

Divers

Frau

Divers

Mann

Mann

Frau

Divers

Mann

Frau

Divers

Frau

Divers

Mann

Mann

Frau

Divers

Mann

Frau

Divers

Frau

Divers

Mann

Mann

Frau

Divers

Mann

Frau

Divers

Frau

Divers

Mann

Mann

Frau

Divers

Mann

Frau

Divers

Frau

Divers

Mann

Mann

Frau

Divers

Mann

Frau

Divers

Frau

Divers

Mann

Mann

Frau

Divers

Mann

Frau

Divers

Frau

Divers

Mann

Mann

Frau

Divers